AF337661

LES

SOUTENEURS

DE LA

COMMUNE

LES
SOUTENEURS

DE LA COMMUNE

PRUSSIENS ET BONAPARTE

« Cherchez à qui le crime profite. »
(Axiôme de droit.)

PARIS
LIBRAIRIE GÉNÉRALE
DÉPOT CENTRAL DES ÉDITEURS
72, boulevard Haussmann, et rue du Havre

BRUXELLES | **VERSAILLES**
OFFICE DE PUBLICITÉ | CHEZ O. BERNARD

1871

Il nous a paru instructif de réunir quelques documents publiés pendant la Commune et qui montrent quels sont les véritables chefs, les soutiens ou mieux les *souteneurs* de ce criminel gouvernement.

Les preuves ne manquent pas : nous avons dû nous borner à quelques extraits qui suffisent à porter un jugement.

Chaque jour la lumière se fait : tôt ou tard le gouvernement publiera les pièces qu'il a en mains. En attendant ce jour, les preuves que nous rapportons ici permettent de vouer à l'infamie deux noms également criminels :

PRUSSIENS et BONAPARTE.

LES PRUSSIENS

Le 25 mars, un journal anglais, le *Weekly-Lloyd*, publiait les lignes suivantes, que l'*Officiel* de la commune reproduisait aussitôt :

..... Quant à la réponse de M. de Bismarck à ces attrayantes ouvertures, elle serait navrante pour M. Thiers. Il aurait, assure-t-on, répondu que les affaires intérieures de la France ne le regardent pas ; que d'ailleurs les hommes du Comité central, Assi entre autres, n'ont trompé personne ; que, lorsque MM. Jules Favre et Thiers ont accepté, — alors qu'on vantait leurs vertus, — ces hommes intègres comme *instruments* de leur opposition à l'Empire, ils ne le faisaient qu'au point de vue de leurs intérêts personnels ou dynastiques ; que, dans ce cas, le Comité central est encore le pouvoir qui lui inspire le plus d'estime ; qu'à peine vainqueur, il parle *de s'effacer*, tandis que, vaincus par le ridicule après avoir été déshonorés par le crime, les hommes du 4 septembre s'obstinent à vouloir demeurer!

A la même date, la *Gazette de l'Allemagne du Nord*, organe officiel de M. de Bismarck, s'exprimait ainsi :

IL EST DE LA PLUS GRANDE IMPORTANCE POUR NOUS QUE LE NOUVEAU GOUVERNEMENT DU COMITÉ CENTRAL A PARIS AIT AUSSI L'INTENTION D'EXÉCUTER LE TRAITÉ DE PAIX.

NOUS POUVONS DONC TRANQUILLEMENT ATTENDRE LA MARCHE ULTÉRIEURE DES CHOSES.

En même temps le prince royal de Saxe faisait afficher sur les murs de Saint-Denis un arrêté qui mettait le département de la Seine en état de siége.

L'article 4 est ainsi conçu :

..... D'interdire les publications et les réunions qu'elle juge de nature à exciter ou à entretenir le désordre...

En vertu de cet article, le *Paris-Journal*, *le Gaulois* et tous les journaux qui s'imprimaient à Versailles étaient journellement arrêtés. En revanche, *Paris libre*, *le Père Duchêne*, *l'Affranchi*, et tous les journaux de la Commune, circulaient librement dans les rues de Saint-Denis.

Bien avant la Commune, au moment où les Prussiens faisaient leur entrée dans Paris, la *Gazette de Cologne* publiait les lignes suivantes :

Les 1er et 2 mars, le sort de Paris tenait à un léger fil de soie. Si l'attitude de la population avait été d'un atome plus inconvenante qu'elle ne l'était déjà, Paris était réduit en cendres.

L'artillerie de tous les forts était en batterie, nous n'attendions que le premier coup du timbre du télégraphe, et à ce signal 800 bouches à feu auraient converti en un océan de décombres fumants la sentine de tous les vices, de toutes les folies et de toutes les extravagances. Les instructions nous avaient été données de telle sorte que le juste châtiment, si l'on avait jugé à propos de l'infliger, aurait été poussé à ses dernières conséquences.

Par leur attitude calme et dédaigneuse les Allemands présents dans Paris ont préservé la ville du sort qui la menaçait, alors que notre bras était déjà levé.

Paris n'a donc *pas encore subi* la punition méritée et qui apparaît indispensable. Les Allemands ont considéré comme au-dessous de leur dignité de s'occuper plus longtemps de ce cloaque moral et politique ; mais l'histoire nous montre que les villes tombées aussi bas que Paris n'échappent pas à leur châtiment : l'exemple de Rome, de Babel, de Jérusalem et de Byzance le prouve. Sans doute il sera encore donné à notre génération de contempler avec une admiration pleine d'effroi l'exécution de ce Paris auquel la mansuétude des Allemands et de Dieu vient d'accorder un répit de grâce pour sa conversion, mais dont cette cité ne profitera pas. « Les moulins de Dieu travaillent lentement, mais ils travaillent bien ; leur blé est finement moulu (*sic*). »

Paris ne pouvait échapper en effet au danger, avec d'aussi implacables ennemis que les Prussiens, ces incendiaires avant la Commune, qui, le jour même de la signature de l'armistice, brûlaient Saint-Cloud, afin de montrer à leurs alliés *ès pétrole* comment on procédait.

Le 3 avril, l'*Opinion nationale* publiait les lignes suivantes, qui montrent quel intérêt avaient les Prussiens :

Nos dissensions intérieures font admirablement les affaires des Prussiens. Ils voient la France s'appauvrir chaque jour davantage, au lieu de réparer les ruines que nos désastres ont partout accumulées. Ils ont entre les mains des gages considérables qui leur assurent plus que la valeur de l'indemnité stipulée en leur faveur par la convention des préliminaires de la paix. Dès lors, il leur importe que notre patrie s'épuise d'elle-même pour ne pouvoir jamais reprendre la revanche dont l'Allemagne serait menacée un jour prochain, si notre prospérité venait à renaître. C'est dans ce sens qu'on doit trouver les mains perfides de la chancellerie allemande au fond de nos discordes, qu'il est de son intérêt d'attiser.

A la séance du 1er avril, M. de Bismarck faisait au parlement allemand les déclarations suivantes :

... Pour ce qui est de savoir si les affaires extérieures donneront lieu à des négociations, je ne puis encore formuler d'opinion à cet égard. Nous devons attendre encore quelque temps le développement des événements en France. Les gouvernements alliés sont intéressés et résolus à faciliter au gouvernement de la République, avec lequel ils ont conclu la paix préliminaire, sa tâche autant que possible, sans la lui rendre plus pénible par une immixtion maladroite (*ungeschichte*) dans les affaires intérieures de la France.

Le point de démarcation est dans ce cas difficile à fixer, et il sera plutôt reconnaissable à des yeux français qu'étrangers; l'intention de l'Empereur et des gouvernements a donc été jusqu'ici, avant comme après, de s'abstenir de toute intervention dans les affaires intérieures de la France et dans la manière dont ce grand peuple voisin entend régler ses destinées futures. (Applaudissements.)

Quant à savoir si cette résolution peut être réellement exécutée jusqu'à la limite où les intérêts allemands seraient menacés par une plus longue abstention, ou si les résultats de la paix préliminaire pourraient être mis en question par cette circonstance qu'un gouvernement de fait, soit le gouvernement actuel ou un nouveau, — je ne veux pas dire n'aurait pas la volonté, mais n'aurait pas le pouvoir de mettre cette paix à exécution, — l'avenir seul nous l'apprendra.

Si cette limite devait être atteinte, d'après notre conviction, qui puise son point d'appui dans la situation générale de l'Europe aussi bien que de la France, nous mettrions fin avec regret, mais avec la même résolution que nous avons montrée jusqu'ici, à l'épilogue de la guerre. (Profonde émotion dans toute l'assemblée.)

La dépêche suivante était adressée au gouvernement prussien :

Compiègne, 3 avril, 10 h. du soir.

Le combat principal a eu lieu au sud, près de Châtillon et de Fontenay-aux-Roses. Flourens aurait été fait prisonnier avec 8,000 hommes.

Le mont Valérien est aux mains de Versailles. Le commandant, suspect, avait été remplacé dans la nuit. Les prisonniers parisiens ont été fusillés sur-le-champ.

Le mont Valérien a pris une part très-heureuse au combat. Pertes des Parisiens considérables.

Les efforts des insurgés ont surtout échoué grâce aux positions fortifiées établies par les Allemands. (*Gazette de Cologne.*)

Le *Journal officiel* de la Commune s'empressait de reproduire cette dépêche, et la faisait suivre des réflexions suivantes :

A part l'exagération évidente, quant au chiffre des prisonniers et aux pertes supposées, en général, cette dépêche, *d'une partie neutre et sans doute indifférente*, est d'une exactitude remarquable. Nous signalons surtout le passage sur les prisonniers fusillés aux journaux qui demandaient il y a quelques jours à la Commune de préciser cette accusation. Ce témoignage doit être retenu, en attendant que nous soyons en mesure de publier tous les renseignements qui nous sont parvenus à ce sujet.

Quant aux rapports *officiels*, nous aurons à nous occuper plus loin des rapports *officieux* de la Commune et de l'état-major prussien ; la lettre suivante en est une preuve suffisante :

Rouen, le 24 mars 1871.

Monsieur le ministre,

Une communication purement militaire, envoyée dernièrement par le chef d'état-major de la troisième armée allemande à l'adresse du commandant temporaire de Paris, a donné lieu à des commentaires.

On s'est plu à considérer cette notification comme un encouragement donné au mouvement parisien.

Pour détruire tout soupçon de cette nature, il suffira de rétablir dans son authenticité le texte de la lettre allemande du général de Schlotheim.

Cette lettre porte qu'en dehors de certaines éventualités qu'il était nécessaire de préciser en présence d'un pouvoir inconnu dont on ignorait les dispositions, les troupes allemandes conserveraient une attitude pacifique (*friedlich*) et complétement passive.

Le Comité central, en publiant la notification, a cru utile de changer « attitude pacifique » en « attitude amicale ».

Veuillez agréer, Monsieur le ministre, les assurances de ma haute considération.

Signé : Fabrice.

La lettre du général de Schlotheim n'est pas la seule qui ait été échangée à ce moment, ainsi que le constate la note suivante du *Vengeur* :

Une dépêche a été adressée à la Commune par le général allemand von der Thann. La réponse a été faite par le délégué aux relations extérieures, le citoyen Paschal Grousset.

Dès le début du nouveau siége, la question du ravitaillement préoccupait tous les esprits. Le *Rappel* se chargea de rassurer les communeux :

On nous apprend de bonne source que les Prussiens se seraient opposés à toute tentative d'interruption des communications, par les voies ferrées, de Paris avec la province. Notification en aurait été faite au gouvernement de Versailles, qui n'aurait peut-être pas été si éloigné de l'idée de nous infliger un nouveau blocus.

Le *Journal officiel* de Paris s'empressait de reproduire la nouvelle donnée par le *Rappel* :

La Prusse a invité le gouvernement de Versailles à rétablir, dans le plus bref délai, toutes les lignes de chemins de fer avec les communications nouvelles. Ce qui motive cette exigence des Prussiens est la difficulté qu'ils éprouvent dans leurs approvisionnements, dont une partie leur venait de Paris. Ces jours derniers, le propriétaire de l'hôtel du Grand-Monarque, à Melun, qui loge trois cents Allemands et un certain nombre de chevaux, était venu à Paris pour divers achats nécessaires à l'alimentation de ces garnisaires. Il n'a pu retourner chez lui. Plusieurs faits analogues ont été préjudiciables aux Allemands en garnison à Saint-Denis. Les Prussiens, qui sont gens pratiques, avant tout, ne veulent pas recevoir les ricochets de nos malheureuses dissensions, et tiennent absolument à vivre le plus commodément possible.

Quant à l'opinion que l'on avait de la Commune en Allemagne, un extrait de la *Gazette de Cologne* du 12 avril se charge de nous renseigner :

Les divergences d'opinions entre les membres de la Commune n'empêchent pas le parti de la révolution d'être assez fort pour tenir tête à l'armée de Versailles. Les officiers ont beau raconter chaque jour à leurs soldats que le moment approche où l'on aura mis les insurgés à la raison, le gouvernement de Versailles n'en est pas moins inquiet sur l'issue de la guerre civile.

Thiers peut sans doute compter sur les anciens sergents de ville, les gendarmes, les artilleurs et les chasseurs d'Afrique ; mais il n'est rien moins que sûr des régiments de ligne et des troupes formées de volontaires et de soldats mariés. Ces hommes ont hâte de retourner chez eux, de revoir leurs familles, et en outre ils sont fortement travaillés par les agents secrets de l'Internationale.

Hier on a surpris trois de ces apôtres au moment
où, dans une rue de Versailles, ils tâchaient d'en-
traîner des militaires; ils parvinrent d'abord à
s'enfuir, mais finirent par être pris et livrés à la
police. Parmi les soldats eux-mêmes se trouvent
des membres de l'Internationale, qui excitent
leurs camarades à lever la crosse en l'air, et s'ef-
forcent de leur persuader que tirer sur les Parisiens, c'est commettre un crime contre la République.

Thiers a envoyé plusieurs officiers dans les départements, avec la mission d'étudier l'esprit des
troupes de ligne dans les garnisons, et celui des
mobiles qui rentrent dans leurs foyers. Ils ont
ordre d'envoyer à Versailles ceux des régiments
qui leur paraîtraient sûrs, et de faire retenir, au
contraire, les autres dans les provinces éloignées
du siége du gouvernement. On a pris toutes sortes
de mesures pour empêcher les soldats d'entretenir des relations avec les ouvriers.

A Sèvres se trouvent quelques milliers de Bre-
tons qui n'ont aucun commerce ni avec Versailles
ni avec Paris, et dont on ne cesse d'exciter la fu-
reur contre les Parisiens. On ne se fait aucun

scrupule de leur dire, pour les irriter, que les Allemands sont d'accord avec les insurgés et se réjouissent des embarras du gouvernement versaillais. De pareils expédients montrent combien peu de confiance on a dans l'esprit de l'armée. Ce qui est certain, c'est que Versailles aurait beaucoup plus tôt attaqué Paris si l'on avait pu espérer que les troupes se battraient.

La lettre suivante a été lue à la séance du 12 avril, à Versailles :

COMMUNE DE PARIS.

Au commandant en chef du 3ᵉ corps des armées impériales allemandes.

Général,

Le soussigné, membre de la Commune de Paris, délégué aux relations extérieures, a l'honneur de vous soumettre les observations suivantes :

La ville de Paris, engagée au même titre que toutes les parties de la République française par les préliminaires de paix signés à Versailles, a le

devoir de connaître comment le traité s'exécute.
(Exclamations et rires.)

Il est pour elle de la plus haute importance de savoir notamment si le gouvernement de Versailles a effectué entre les mains des plénipotentiaires allemands un premier versement de 500 millions de francs ou de toute autre somme à valoir sur l'indemnité stipulée, et si, par suite de ce versement, les chefs de l'armée allemande ont arrêté la date de l'évacuation, par les troupes placées sous leurs ordres, des forts de la rive droite, qui font partie intégrante et inséparable du territoire de Paris. (Exclamations et rires.)

Le soussigné vous demande, général, de vouloir bien lui communiquer les renseignements dont vous disposez à cet égard.

Le membre de la Commune

Délégué aux relations extérieures,

Signé : Paschal Grousset.

~~~~~~

Cette tentative de la Commune auprès des Prussiens
~~~~~~

ne fut pas la seule, ainsi que l'attestent les lignes suivantes.

La *Gazette nationale* de Berlin, dans son numéro du 13, expose les raisons qui, suivant elle, doivent faire écarter toute immixtion allemande dans les convulsions qui agitent la France en ce moment :

On vient de recevoir à Munich une lettre du général von der Thann, commandant du 1er corps d'armée bavarois, dans laquelle il est dit que la Commune de Paris lui a fait sérieusement la demande de lui livrer le fort de Charenton, occupé par les Bavarois, moyennant une rançon de deux millions de francs à son profit, et non pour la caisse allemande.

La *Gazette de la Croix* rapporte que, sur la demande de l'archevêque de Gnesen, M. de Bismarck a chargé par télégraphe le général Fabrice de faire à la Commune de Paris des remontrances sérieuses au sujet de la détention de l'archevêque de Paris. M. de Bismarck aurait fait savoir aux gens de la Commune que, dans le cas où la vie du prélat serait menacée, il serait forcé, par l'indignation générale, d'intervenir immédiatement à Paris.

Nous donnerons plus loin un extrait de l'interrogatoire du général Cluseret qui se rapporte au même fait; mais, en attendant, la *Vérité* du 1er mai publie l'entrefilet suivant :

Une dépêche de Berlin nous apporte la réponse du général Cluseret au général de Fabrice. Le membre délégué de la guerre de la Commune a répondu qu'il demandera à celle-ci la mise en liberté de l'archevêque de Paris et des autres ecclésiastiques, et qu'il espère l'obtenir.

Le *Times* du 14 avril publie la dépêche suivante :

Paris, 13 avril, 7 h. soir.

Je reçois les détails qui suivent d'un officier de l'état-major prussien de Saint-Denis; ils jetteront quelque lumière sur les évolutions militaires incompréhensibles des deux derniers jours.

Il paraît que le général de Fabrice a reçu mardi dernier une notification de Versailles, l'informant que le gouvernement se proposait de faire, dans la nuit de mercredi 12, un grand effort pour prendre Paris.......

M. Dombrowski aurait-il obtenu connaissance de ce plan? L'attaque subite des fédérés contre Asnières et Levallois le ferait croire, car c'est par ce moyen qu'ils ont empêché le projet de Mac-Mahon d'être mis à exécution.

Dans la séance de la Commune du 30 avril, le citoyen Régère s'exprimait ainsi :

Le citoyen RÉGÈRE. — A propos de l'attitude prussienne, je veux la définir encore par un renseignement. Les Prussiens n'ont aucune complaisance pour Versailles, et voici un fait qui le prouve et que je tiens d'une voie sûre : trois cents gendarmes sont arrivés à Saint-Denis, envoyés par Versailles ; les Prussiens les ont renvoyés carrément. C'est de la neutralité la plus complète.

Les extraits suivants des journaux allemands sont utiles à connaître.

On lit dans la *Gazette de Silésie :*

Provisoirement, nous sommes encore en mesure d'attendre le développement ultérieur des choses ; Paris est en notre pouvoir, et les territoires occupés nous offrent, en outre, une garantie pour ce qui nous est dû. Mais cette attente a ses limites, car le gage que nous détenons ne produit pas intérêt et est pour nous plutôt une cause de perte.

Si, en conséquence, il ne survient sous peu un changement dans la situation, l'Allemagne déclarera aux messieurs de Versailles qu'elle ne les reconnaît plus comme gouvernement de fait, et elle fera encore des démarches pour en amener un. Mais, cette fois, on s'assurera d'un gage qui offre plus de garanties, et ce gage ne pourra être que Paris.

A Versailles, on a fixé à la Révolution un terme de quinze jours, toutefois plus en vue de Berlin que de Paris. Néanmoins, nous ne voulons pas déclarer improbable qu'un accommodement ait lieu d'ici là.

La *Correspondance générale de Berlin* du 3 mai s'exprime ainsi :

M. Thiers n'a su, pendant les quelques mois où il a pris la direction des affaires de la France, qu'éveiller chez tous la défiance sur ses intentions. Le parti républicain en France ne croit pas à la sincérité de ses sentiments républicains ; les partis monarchiques, de leur côté, sont persuadés qu'il veut prolonger la situation provisoire au delà du temps nécessaire, afin de conserver aussi longtemps que possible la haute position qu'il occupe. Enfin, l'armée n'est rien moins que ravie de son intervention personnelle dans les opérations militaires.

En Allemagne, on commence à s'impatienter de la lenteur apportée par M. Thiers aux négociations de la paix, et en Italie on s'empresse de garnir les forteresses à la frontière française d'un nombreux matériel de guerre, pour le cas où le gouvernement français chercherait à retremper la nation française dans une guerre contre les Italiens.

~~~~~~

Une lettre reçue d'Allemagne apprend que M. Karl
~~~~~~

Max, un des chefs les plus autorisés de l'Internationale, était en 1857 secrétaire particulier de M. le comte de Bismarck.

On se souvient des *instances* de M. Jules Favre pour conserver les armes à la garde nationale. L'extrait suivant est précieux en ce sens qu'il prouve que les Prussiens n'ignoraient pas, en consentant à cette demande, quelles devaient en être les suites :

On écrit de Berlin à la *Gazette générale d'Augsbourg* (3 mai) :

Il est certain que le général de Moltke, en réclamant énergiquement en conseil de guerre le désarmement de la garde nationale et l'entière occupation de Paris, avait prévu, avec sa perspicacité accoutumée, les événements actuels. L'empereur, voyant aujourd'hui combien le coup d'œil du général avait été juste, ne put se refuser dernièrement à lui rendre justice à cet égard, et, le voyant un soir au milieu d'un cercle composé des stratégistes les plus distingués de l'armée, il lui posa les mains sur l'épaule et lui dit :

« Général, nous avons souvent différé d'opinion

en conseil de guerre, mais je dois vous rendre ce témoignage que vous avez toujours eu raison. »

Voici le fragment d'interrogatoire du général Cluseret, dont nous parlions plus haut :

D. N'avez-vous pas eu d'intelligence avec le quartier général prussien ? N'avez-vous pas insisté pour la mise en liberté de Mlle Darboy, et sur l'arrestation de l'archevêque, son frère, parce que les Prussiens étaient mécontents de cette arrestation ?

R. Le citoyen Beslay m'avait engagé à entamer une correspondance avec l'agent prussien pour la question des 500 millions d'indemnité. Je suis allé trouver cet agent, et nous avons eu des pourparlers ensemble, soit pour l'indemnité, soit pour le ravitaillement. L'agent prussien m'a dit : « Il se produit en ce moment un grand mouvement en faveur de l'archevêque. »

J'ai communiqué cette question à la commission exécutive, qui l'a examinée et a résolu que la mise en liberté ne pouvait avoir lieu. Je n'ai pas pris l'initiative de cette proposition ; je ne l'ai transmise qu'à titre de renseignement sérieux. Je n'ai jamais eu d'autres rapports avec les autorités prussiennes. Quant aux observations que j'ai faites au sujet de la mise en liberté de l'archevêque Darboy, je fais remarquer qu'il me paraissait peut-être politique de le mettre en liberté, parce qu'il était à craindre que son arrestation pût nous créer des embarras de la part des Prussiens.

L'extrait suivant de la *Gazette de Cologne*, organe avoué de M. de Bismarck, montre aux moins clairvoyants l'intérêt de l'Allemagne :

.... Elle a ceci de bon pour nous, *que les provinces nouvellement conquises se détacheront d'autant plus facilement d'un Etat aussi malheureux.* Ce qui rattachait surtout les habitants les plus riches et les plus cultivés de l'Alsace à la France, c'était ce riche, ce beau, cet heureux Paris, et ce Paris a péri pour longtemps.

On lit dans le *Français* :

Un de nos amis vient de nous raconter, que le dimanche 21 mai, il était à Argenteuil, dans un groupe de personnes qui devisaient sur les événements de Paris. Tout d'un coup, plusieurs Prussiens s'approchent d'eux et leur disent d'un air joyeux : « Demain ! demain ! le dernier jour de Paris ! Quelle fête de voir flamber Paris ! »

D'autre part, on nous affirme qu'il a été trouvé sur les prisonniers de Paris certaines pièces qui établiraient la complicité des Prussiens dans l'incendie de notre capitale.

Nous n'avons pas besoin d'insister sur la gravité de ces deux informations.

D'après le *Daily Telegraph*, un membre de l'Internationale s'est fait le dénonciateur de ses confrères. On aurait découvert une correspondance entre les chefs de Londres, de Berlin et de Paris, d'où il résulte que tout ce qui a été fait à Paris l'a été sur des ordres venus des deux autres capitales.

L'*Opinion nationale* publie la lettre suivante :

Officier de l'armée au 4ᵉ corps, et me trouvant à Saint-Denis le lundi soir, 29 mai dernier, à mon retour de Versailles, pour affaires de service, je fus amené, par ordre de l'autorité prussienne, dans le cabinet de M. le sous-préfet, où je trouvai le maire de Romainville, lequel fit la déclaration suivante :

« Hier matin, 28 mai, et dans la nuit du 27 au 28, j'ai vu passer hors de la zone neutre occupée par les Prussiens plus de 300 (trois cents) individus que je qualifie *tous* du nom d'*insurgés....* J'en fis arrêter *deux*, que je consignai à l'officier chef du poste prussien, à l'entrée de Romainville. Une heure après, étant revenu à ce poste pour y réclamer les deux prisonniers *recommandés*, je ne les trouvai plus. *Un des deux parlait très-bien l'allemand.* »

A l'observation que je fis à M. le maire : « Mais pourquoi n'avez-vous pas requis le commandant des troupes prussiennes pour faire arrêter tous ces émigrants », il me fut répondu :

« Je n'ai pas manqué d'aller prier M. le colonel prussien d'arrêter tout ce monde, mais il me répondit :

« J'ai l'ordre d'arrêter seulement les gens en *uniforme*, et non ceux en *costumes civils*. »

Le même magistrat qui faisait cette déclaration en présence du sous-préfet, de M. Jules Mahias et de moi, ajouta du reste avec une grande naïveté :

« On a trouvé environ mille uniformes de garde nationale sur les remparts ou dans les fossés, dans cette journée ou mieux dans la soirée de dimanche 28, sur et aux environs de la porte de Romainville, porte qui a été la dernière au pouvoir des fédérés, et qui donne directement derrière le cimetière du Père-Lachaise. »

Ce fait ne peut que corroborer votre appréciation, et je vous le livre parce qu'un jour, non éloigné, j'espère, il pourra mettre sur la trace d'une *connivence prussienne*, que je vous laisse le soin de qualifier.

A Munich, on joue une traduction du *Chiffonnier* de Félix Pyat, et l'affiche porte le portrait de l'auteur.

Dans une réunion de la « Société démocratique » à Berlin, plusieurs personnes, entre autres MM. Guido Weiss, Hasselmann, Klein et Voigt, ont pris la défense de la Commune de Paris.

La *Vérité* du 13 juin publie la note suivante :

On a constaté que le concierge de la porte donnant sur la rue Castiglione, et qui avait été placé là par la Commune, était *Prussien.* Depuis quelque temps il faisait entrer, prétendait-il, des tonneaux contenant en réalité du *pétrole.* On l'a surpris, la torche en main, propageant l'incendie, et il a été immédiatement passé par les armes.

Un autre fait bien caractéristique : on a retrouvé tous les morceaux de bronze de la colonne Vendôme, sauf un, sur lequel était reproduite l'entrée des Français à Berlin.

On lit dans l'*Écho français*, journal de Versailles, daté du 20 juin :

Un très-important et très-curieux document vient, nous assure-t-on, d'être remis à M. le ministre de la guerre.

C'est une lettre émanée de l'autorité militaire prussienne, qui serait même, dit-on, signée par le secrétaire de M. de Moltke, et adressée au délégué de la Commune à la guerre.

Dans cette lettre, il est offert à la Commune de Paris des quantités assez considérables de farine et des chassepots avec sabres-baïonnettes, à des prix déterminés.

L'échantillon de la farine proposée est joint à la lettre.

Ainsi serait irréfutablement démontrée la connivence des autorités prussiennes avec les bandits qui ont incendié Paris ; mais MM. les Prussiens sont toujours et avant tout hommes d'affaires. Complices, ils l'étaient ; mais leur complicité devait être payée à beaux deniers comptants.

Voici quelques renseignements publiés par le *Mercure de Souabe* sur la carrière qu'a parcourue jusqu'ici, avant son avénement au pouvoir, un des membres de la Commune de Paris, délégué aux affaires de l'intérieur, le plus influent, le citoyen E. Vaillant :

Marie-Édouard Vaillant, né à Vierzon, département du Cher, le 29 janvier 1840, après avoir fait de fortes études à Paris, obtint, au mois de septembre 1857, le diplôme de bachelier ès-sciences.

Il aborda ensuite la carrière du génie, pour se consacrer après à l'étude de la médecine, et fréquenta l'université de Heidelberg de 1866 à 1867. En 1867, il alla à Tubingen, où il assista avec beaucoup d'assiduité aux cours pendant deux semestres.

Il poursuivit ses études en 1868 et 1869 à l'université de Vienne, mais il revint en 1869 à Tubingen, et se voua derechef à la médecine jusqu'au commencement de la guerre.

Pendant que tous ses compatriotes se rendaient en France, il resta à Tubingen. Ce ne fut seulement que le 1er août de l'année dernière qu'il demanda ses passeports.

M. Vaillant est, à l'encontre de la plupart de ses compatriotes, très-sérieux et très-réservé ; on disait qu'il était socialiste. Il s'est déclaré à plusieurs reprises contre la guerre actuelle, qui, d'après son avis, n'était entreprise par l'empereur que pour détourner l'attention des Français de leurs affaires intérieures.

L'*Officiel* du 14 avril (journal de Versailles) publiait une note sur le général Dombrowski, qui, en rappelant que ce *général* avait été arrêté plusieurs fois, ajoutait :

Il aurait même traversé les lignes ennemies avec un faux laissez-passer. Peu de temps avant les derniers événements, il fut arrêté au moment où il manifestait le désir de voir l'armée française entièrement anéantie.

Tel est l'homme auquel la Commune insurrectionnelle a confié le commandement de Paris.

Jusqu'ici nous n'avons publié que des notes empruntées à des journaux français ou étrangers ; les documents qui suivent ont une importance et une autorité plus grandes.

ASSEMBLÉE NATIONALE.

Séance du 14 juin.

… Un de ces hommes, qui avait des mécontentements d'ambition, révéla au général Clément Thomas et à moi, sous la promesse d'honneur de ne pas faire connaître son nom, — il ne demanda rien de plus, — l'organisation sommaire des sectaires.

Les sectaires obéissaient à un mot d'ordre venant du dehors ; ils avaient la mission de proclamer la guerre à outrance, d'exprimer la haine la plus violente contre les Prussiens ; mais, en fait, ils ne devaient pas combattre. Ils avaient l'ordre de réunir des munitions, des armes, des canons et d'attendre.

C'est à partir de cette révélation que le général Clément Thomas, avec l'ardente énergie que vous lui avez connue, poursuivit les sectaires sans leur laisser ni repos ni trêve, et les déshonora devant Paris, devant l'opinion, par trois ou quatre ordres du jour restés fameux, lorsque, conduits à l'ennemi, ils y arrivaient en état d'ivresse, ce qui était leur habitude, et qu'ils ne combattaient pas, ce qui était dans leurs ordres... (C'est vrai ! c'est vrai ! — Rires.) Et soyez sûrs, messieurs, que Clément Thomas, massacré à Montmartre, fut assassiné par les sectaires enivrés de vengeance. (Oui ! oui ! — — C'est évident !)

En général, après chacun de nos désastres, ils tentaient une entreprise, comme s'ils avaient voulu les compléter et en bénéficier. Ils en firent une le 8 octobre, après la capitulation de Metz ; le 22 janvier, après la bataille de Buzenval, toujours en proclamant la guerre à outrance. C'est dans le même esprit qu'ils s'emparèrent des canons de la place Wagram et les transportèrent à Montmartre.

ASSEMBLÉE NATIONALE.

Séance du 15 juin.

Le général Trochu prend la parole sur le pro-
cès-verbal, où il a constaté un oubli et une lacune
qu'il demande la permission de réparer. Il a parlé
des sectaires de Paris qui, après chacun de nos
désastres (Metz, Strasbourg, Buzenval, etc.), ont
fait des tentatives et des démonstrations contre
l'ordre. Il semblait que les sectaires voulussent
compléter chacun de nos désastres. L'orateur
s'était arrêté là. Il complète aujourd'hui son ex-
posé en ajoutant que la tactique des sectaires con-
sistait à prêcher la guerre à outrance et à décon-
sidérer le gouvernement en le taxant de lâcheté.

« C'est sous l'inspiration de ce sentiment et de
cette tendance que les sectaires s'emparèrent des
canons qui étaient accumulés sur la place de
Wagram et que, sous prétexte de les arracher à
l'ennemi, ils les transportèrent à Montmartre, où ils
se fortifièrent comme on sait. Le 18 mars, les sectaires sont maîtres de Paris, ils sont maîtres de
l'enceinte, ils sont maîtres des forts, ils sont maî-

tres des insurrections, de tout ; et, à l'instant même, à mon grand étonnement et à mon grand regret de ce que Paris n'en ait pas été étonné, ils déclarent reconnaître toutes les clauses de la négociation du 28 janvier. Ils entrent en des communications qu'on peut appeler cordiales avec l'ennemi.

Un officier prussien est dans l'obligation d'expliquer qu'il avait adressé plusieurs dépêches à des agents de la Commune.

Le délégué à la guerre produit une succession d'arrêtés très-sévères pour conserver à l'ennemi la libre jouissance de tous les droits que lui conféraient les négociations en cours. Des agents que j'avais dû faire arrêter comme agents prussiens deviennent les principaux chefs de la Commune.

M. Dombrowski était dans le cas. (Sensation profonde.)

Messieurs, j'en ai dit assez, me défiant beaucoup des écarts de ma propre pensée et de mon langage. J'ai dû parler ainsi pour vous indiquer à qui appartenait pour une part l'insurrection de Paris. Je l'ai regardée, je la regarde encore comme une continuation de la guerre étrangère transfor-

mée, et je ne puis oublier que, dans certaines cir-
constances, M. le prince de Bismarck, qui a fait à
la Commune l'honneur de parler d'elle deux fois
dans des discours officiels, n'a trouvé aucune parole pour exprimer le sentiment de réprobation
qu'inspirent au monde entier, devant la morale
universelle, les crimes de la Commune. (Très-
bien ! très-bien !)

La *Cloche*, après avoir cité les lignes précédentes,
ajoute :

L'accusation que le général Trochu vient de
porter à la tribune contre certains hommes de la
Commune, et d'après laquelle ces tristes citoyens
auraient été des agents de la Prusse, nous remet
en mémoire un fait peu connu et dont nous garan-
tissons l'authenticité.

On sait que le *général* Cluseret était expulsé de
France avant le 4 septembre. A cette époque, il
arriva à Genève, où il descendit chez le consul de
Prusse, qui lui donna un passe-port pour rentrer
en France. On peut penser, sans faire de jugement

téméraire, que Cluseret était muni de bonnes recommandations *à la prussienne.* D'ailleurs les troubles qui éclatèrent à Lyon et à Marseille pendant le siége de Paris, et qui furent provoqués par ce personnage, sont une preuve trop manifeste de la connivence des Prussiens avec Cluseret et autres sectaires, dont le dernier mot a été l'odieuse Commune.

Nous avons cité au début un document de M. de Bismarck assez significatif. Voici encore d'autres fragments qui prouvent que le cuirassier prussien ne craignait pas d'accepter une responsabilité morale qui pèserait au moins scrupuleux :

Des appréhensions sérieuses me déterminèrent à faire en personne une démarche. Si nous n'étions pas tombés d'accord, nous aurions pris Paris, *soit par un arrangement avec la Commune,* soit par la force, et ensuite nous aurions exigé du gouvernement qu'il retirât ses troupes derrière la Loire, avant de continuer les négociations.

Les paroles suivantes, prononcées le 2 mai, sont encore plus explicites :

Dans les insurrections françaises il se trouve toujours un grain de raison ; ce grain se retrouve dans le mouvement actuel de Paris, dans l'aspiration à l'organisation municipale prussienne.

Ainsi le chancelier reconnaissait un grain de bon sens dans cette révolution sanglante ; il se déclarait prêt à traiter, au besoin, avec la Commune, et constatait que les réformes *demandées* par les insurgés ne s'éloignaient pas « de l'organisation municipale allemande ». Comment en aurait-il été autrement? Les rapports des membres de la Commune avec les Prussiens ne sont-ils pas constants ?

Le citoyen Franckel, membre de la Commune, n'était-il pas Prussien ?

Allemands aussi :

Le colonel du 88e bataillon, Echenlaub ;

Le directeur en chef des ambulances, Kertzfeld ;

Le chirurgien-major du 151e bataillon, Syneck ;

Le sous-gouverneur du fort de Bicêtre, Thaller ;

Le commandant des forts du sud, Vetzel ;

Le chirurgien-major du 74e bataillon, Zengerler ?

Sans compter tous les agents que la modicité de leurs fonctions (pétroleurs, assassins, etc.) a laissés inconnus, et les chefs qui devaient à leur grade et à leur position de ne pas se compromettre.

Nous empruntons à l'intéressant livre de M. Hans, *le Second siége de Paris*, nos dernières lignes :

Voici un fait que je me garderai de commenter, mais que je garantis sur l'honneur:

Le jeudi 25 mai, à quelques lieues de Paris, sous le ciel illuminé d'incendies, des officiers de la garde prussienne, après un diner prolongé démesurément, burent *à la Commune de Paris*.

———

LES BONAPARTE

Dès le début de l'insurrection parisienne, le *Journal des Débats* publiait les lignes suivantes :

La main du bonapartisme est trop facile à reconnaître dans l'émeute parisienne, et ce qui peut achever d'ouvrir les yeux aux moins défiants, c'est l'arrivée subite en province, et particulièrement à Paris, des chefs du parti napoléonien. A chaque pas, dans nos rues et sur nos boulevards, on rencontre de ces figures trop connues, et c'est une véritable invasion de sauterelles du bonapartisme. Le moment serait mal choisi pour ouvrir nos portes au classique cheval de bois qui doit en porter une forte garnison dans ses flancs.

A Versailles, le *Journal officiel* n'était pas moins af-firmatif.

Le Gouvernement a été averti de la présence d'agents bonapartistes et de tentatives d'embauchage des troupes à Lyon et dans divers départements. Il a dû être procédé à quelques arrestations.

Un journal qui s'imprime à Londres et qui sert d'organe aux hommes du régime déchu prêche ouvertement la haine entre citoyens, la violation des lois et le mépris de la représentation nationale, excite à l'insurrection et à la guerre civile. Mais la nation, cruellement instruite par le passé, ne veut plus être ni victime de telles menées, ni dupe de ces hommes qui cherchent, comme ils l'ont déjà fait, à exploiter à leur profit les malheurs publics.

Mais il ne suffit pas de signaler ces menées, il faut encore en trouver les auteurs. Dès le 15 avril tous les journaux de Paris publiaient la note suivante :

M. Dalouvert, chef du cabinet de la haute police (occulte) sous l'Empire, a été arrêté hier soir et

emmené au dépôt par une dizaine de gardes nationaux.

Je ne cite que pour mémoire l'arrestation de MM. Rou-
her, Granier de Cassagnac, etc., venus en France au
moment même où éclatait l'insurrection de Paris. Le
7 avril l'*Opinion nationale* publiait les lignes suivantes :

Nous avons vu hier, sur un papier portant en
tête : *Commune de Paris, ministère de l'instruction
publique*, un fragment de lettre commençant
ainsi :

« Sire,

« J'ai commencé le rapport que.... »

Est-ce la bataille, la fuite ou la réflexion qui a
interrompu cette lettre d'un délégué?

A quel sire était adressée l'épître ?

Est-ce à l'empereur d'Allemagne, ou à l'empereur fugitif ?

Ou bien le délégué à l'instruction publique, le
citoyen Vaillant, était-il un farceur qui a voulu
faire calomnier les partis monarchiques en lais-

sant croire qu'ils correspondaient avec la Commune ?

C'est ce que nous ignorons.

Le *Siècle* du 30 avril publiait une importante lettre de M. Henri Martin, à laquelle nous faisons de larges emprunts qui nous semblent décisifs.

On sent partout dans les campagnes le sourd travail des hommes de l'Empire, des suppôts du despotisme. Ils font appel à tous les préjugés, à toutes les ignorances; ils exploitent habilement contre Paris, contre la République, contre toute idée libérale, le thème que leur fournit la guerre civile; ils caressent la malheureuse disposition qu'ont les hommes entièrement illettrés à préférer le pouvoir d'un seul au pouvoir des assemblées; ils tâchent de miner non pas seulement ces républicains de l'Assemblée nationale que poursuit si âprement la Commune, mais l'Assemblée tout entière : car l'Assemblée, ce dont on ne tient pas assez compte à Paris et ailleurs, est anticésarienne, antidespotique; si divisée sur d'autres points, elle est une dans l'énergique aversion du régime déchu, et tel de ses membres qui s'effraye du nom de république est disposé à voter telle institution fort républicaine. Les menées bonapartistes les menacent donc presque autant que nous.

Il semble inconcevable qu'un régime qui a précipité sur le pays de si épouvantables fléaux puisse avoir la moindre chance d'exciter un regret dans une fraction quelconque de la population; mais, par suite du grand mouvement commercial, industriel, agricole, de la France, le paysan avait joui d'un certain nombre d'années de prospérité; la catastrophe est venue si soudainement qu'elle l'a abasourdi et qu'il n'a pas eu le temps de la comprendre.

Dans les parties les plus arriérées du pays, on répand les fables les plus effrontées; on raconte que l'empereur a été « trahi », que les républicains sont la cause de la guerre et les auteurs de nos défaites; on falsifie impudemment l'histoire d'hier, pendant que nous nous égorgeons ici et que nous n'avons pas le loisir de songer à éclairer les populations rurales sur nos récents désastres.

Il y a quelque chose de plus fort: des journaux

qui circulent jusque dans Versailles osent déjà parler de la funeste journée du 4 septembre, de l'attentat du 4 septembre, et incriminer les hommes qui ont, disent-ils, sapé durant vingt ans le gouvernement établi ! — Demain ils nous feront lire l'apologie du 2 décembre !

Il y a donc, disons-le bien haut pour que Paris l'entende, il y a une faction bonapartiste dont la guerre civile a relevé les espérances, et qui souffle le feu de cette guerre, comme elle avait soufflé autrefois le feu des journées de juin 1848, comme elle avait suscité récemment les plus sinistres folies des réunions publiques.

Cette faction rêve une restauration que les Prussiens, de guerre lasse, si la lutte actuelle se prolongeait, installeraient sur les débris de la France. Elle sait qu'elle ne rencontrerait pas, dans ces conditions, de compétiteur monarchique : ni les hommes de l'ancienne France, rendons-leur cette justice, ni ceux de la royauté de 1830, n'accepteraient ; ils laisseraient le champ libre à un césar vassal de l'étranger, et c'est alors qu'on pourrait dire :

Finis Galliæ. Il n'y a plus de France !

Le 6 mai, l'*Indépendance belge* publiait les lignes suivantes, qui lui étaient transmises de Versailles :

Je regrette d'être forcé de parler encore des menées bonapartistes, mais les faits authentiques que je vous rapporte sont trop curieux pour être passés sous silence.

Comme je vous l'ai écrit, l'ex-empereur a distribué de grandes sommes d'argent pour acheter des journaux et des consciences; en outre, il a fait à d'autres journaux des promesses d'une tout autre nature.

Ainsi au *Monde*, qui se publie à Versailles, et qui devra, en retour, soutenir les intérêts de la dynastie déchue, il a garanti ou fait garantir le pouvoir temporel du pape et l'intégrité des États pontificaux. Les articles organiques du concordat seraient rapportés.

L'*Univers* a reçu les mêmes propositions, et M. Veuillot disait à un abbé dont je pourrais citer le nom : « *On* m'a fait de *singulières propositions.* »

Ces deux journaux ont refusé leur concours à l'empire, répondant qu'ils avaient été trop souvent trompés et qu'ils ne voulaient plus l'être.

Je vous ferai en même temps remarquer qu'il est assez curieux de voir d'un côté le parti bonapartiste faisant des avances aux journaux cléricaux, et de l'autre les journalistes impériaux qui écrivent dans le journal *la Situation* faire une campagne obstinée en faveur de l'insurrection, affirmant que leur cœur est tout entier avec Paris, qui lutte héroïquement contre les « malhonnêtes gens » de Versailles, tandis qu'il incarcère les prêtres et qu'il dérobe les vases sacrés dans les églises. Tous les moyens sont bons pour faire réussir une coupable entreprise, et le parti bonapartiste, qui agissait secrètement, il y a quelques jours, dévoile aujourd'hui sa propagande insurrectionnelle contre le gouvernement établi.

Le *Français* n'était pas moins affirmatif :

On assure à Londres qu'un banquier de la Cité aurait offert à l'ex-empereur de mettre à sa disposition vingt-cinq millions pour faire face aux dépenses que nécessiterait son retour en France.

Il était d'ailleurs question, il y a peu de jours, à Londres, d'un déplacement de Napoléon III, qui allait quitter Chiselhurst afin de mieux dissimuler ses démarches. Les bonapartistes réfugiés à l'étranger ne dissimulent pas leurs prétentions, et parlent très-haut d'une restauration prochaine de l'empire. M. de Persigny cependant se tiendrait à l'écart et déclarerait de la façon la plus nette que l'empire, après une chute aussi déshonorante, ne pourrait plus être relevé. On assure que l'ex-empereur est loin d'être d'accord avec l'ex-impératrice sur toutes les manœuvres, dont il se réserve du reste la direction suprême. La lecture de la *Situation* est d'ailleurs fort instructive sur toutes ces menées. Elle a publié, il y a peu de jours, un important article sur les affaires de Paris, dans lequel le rédacteur déclare que le droit est du côté des Parisiens contre l'Assemblée de Versailles, et ajoute que les Parisiens verront bientôt quels sont leurs vrais amis.

M. Chéron, ex-adjoint au deuxième arrondissement,

un de ceux qui ont eu le courage d'organiser la résistance contre le Comité central à la mairie de la Banque, adresse la lettre suivante à la *Gironde* :

Monsieur le rédacteur,

En vous voyant, à juste raison, désigner comme agents bonapartistes les Vermorel, Vallès, Clément, Arnold, etc., il me vient à l'idée de vous communiquer qu'alors que nous étions en guerre avec le Comité central, nous fîmes cinq à six cents arrestations et désarmements, parmi lesquels plusieurs agents de l'ex-préfecture de police impériale, brigade de sûreté Lagrange, les fidèles de Pietri.

Reconnus par M. Duban, commissaire de police du quartier d'Amboise, chargé de l'instruction, leur déclaration ne laissa nul doute de leur présence au milieu des insurgés pour le compte de Napoléon.

Veuillez agréer, etc.

CHÉRON.

Extrait de la *Nation souveraine* :

Les preuves de la complicité du bonapartisme

dans la funeste et coupable insurrection du 18 mars deviennent chaque jour plus évidentes.

En tête de l'un des nombreux convois de prisonniers amenés à Versailles dans ces derniers temps était placé le nommé Orsi, qui autrefois avait procuré à Bonaparte l'argent nécessaire pour s'évader de Ham. En conséquence de ce service, Orsi recevait du prisonnier devenu empereur une pension de douze mille francs.

Aux derniers jours de l'empire il fut condamné pour escroquerie dans la scandaleuse affaire des docks Napoléon, le prince Murat étant président du conseil de surveillance de cette entreprise industrielle.

Il est fâcheux qu'Orsi soit à Versailles ou à Brest; il eût pu figurer avec avantage sur quelqu'une des listes bonapartistes qui se confectionnent à Paris et dans les départements, en vue des prochaines élections.

La lettre suivante, adressée à M. E. de Girardin, a une importance exceptionnelle :

Monsieur,

En 1863, un journal de province franchement républicain, le *Phare de la Loire*, commença à attaquer M. Haussmann, comme il attaquait M. E. Ollivier et l'expédition du Mexique. M. Thiers, député de Paris, écrivit à l'auteur des articles, le soussigné, une lettre dans laquelle il se prononçait nettement contre M. Haussmann. Vous reproduisîtes la lettre de M. Thiers dans la *Presse*, en vous écriant qu'il fallait *haussmanniser* la France.

Aujourd'hui on voudrait non plus *haussmanniser*, mais *bonapartiser* de nouveau notre pauvre pays. Or, comme je trouve sur votre liste de candidats le nom de M. Odilon Barrot, voulez-vous me permettre, à moi électeur, d'en profiter pour demander à M. Odilon Barrot, publiquement, par la voix de votre journal, quelques explications sur la part prise par les bonapartistes à l'insurrection de juin 1848, dont la *Commune de Paris* est la fille.

Il y a là, n'est-ce pas, monsieur, un service à rendre à l'opinion publique?

M. Odilon Barrot était en effet président de la *commission d'enquête* de 1848. Le *rapport* de cette commission, rapport que j'ai entre les mains et que vous devez avoir aussi, ne se communiquait pas à la bibliothèque *impériale* pendant tout le temps de l'empire. Il contient les preuves les plus graves des menées bonapartistes à Paris et en province, en juin 1848. Presque tous les procureurs généraux, dans leurs rapports, constatent que, dans la nuit du 22 au 23 juin, des ballots de proclamations du prince Louis Napoléon étaient expédiés sur tous les points. Il y a aussi une fort singulière lettre de voiture concernant des *thalers prussiens* reçus à cette époque par le banquier Fould. La présence d'agents bonapartistes dans les ateliers nationaux et dans les rangs des insurgés est constatée à chaque ligne. M. Odilon Barrot pourrait compléter ces renseignements.

Il pourrait surtout démentir, une fois pour toutes, un fait plus grave et souvent allégué. Parmi les pièces déposées à la *commission d'enquête* figurait, dit-on, la nomination du général Piré comme ministre de la guerre, datée du 23 juin 1848 et signée Louis Napoléon, lequel, venu furtivement à Paris, se cachait rue Saint-Dominique. A la lecture de cette pièce, un membre du gouvernement d'alors, M. J. Bastide, fut tellement indigné qu'il partit avec une paire de pistolets pour brûler la cervelle au prétendant, qu'il ne trouva pas.

On dit que ce papier disparut. Est-ce vrai?

M. Od. Barrot a été depuis ministre du président; nul n'est donc plus à même que lui de nous dire toute la vérité, qui acquiert une singulière importance alors que les incendies de la Commune viennent de rendre aux bonapartistes le service de brûler les comptes de M. Haussmann à l'hôtel de ville, les documents de la cour des comptes, du ministère des finances, enfin les papiers des Tuileries!

Excusez-moi, monsieur, de l'hospitalité que je vous demande, et recevez mes remercîments.

Charles HABENECK.

Paris, 17 juin 1871.

Nous avons gardé pour la fin la preuve la plus accablante; c'est un article publié par le journal *la Situation*, de Londres. Les bonapartistes peuvent nier l'évidence et rejeter toutes les preuves que nous avons publiées. Pourront-ils fermer les yeux devant cet article, publié dans un journal fondé avec l'argent de l'empereur, ne serait-il pas juste de dire avec le nôtre?

L'ASSAUT.

Il n'en faut plus douter. Au moment où nous écrivons ces lignes, l'armée française est engagée, contre tous nos vœux et selon toutes nos craintes, dans la lutte qui se terminera, infailliblement, à moins d'un miracle, par la reddition ou par l'anéantissement de Paris.

L'issue fatale promise à la lutte fratricide ne nous fera pas varier un instant d'opinion ; et un jour viendra *où l'Empire* sera fier d'établir que, grâce à nous, *aucune solidarité* ne peut désormais être établie entre *sa cause* et celle *des hommes de Versailles.*

Paris expie en ce moment sa crédulité généreuse, la vivacité de ses passions, l'irréflexion de ses élans, *l'ardeur de son amour pour le progrès,* l'imprudence de ses engouements ; mais ce sont là autant de *nobles erreurs,* il est bon de déclarer qu'on ne l'*en chérit que plus vivement* pour la façon au moins héroïque dont il les expie.

Non, nous ne sommes pas pour la Commune ; mais, *dans cette lutte, nous sommes de cœur avec Paris.*

Ils se battent en héros, ces malheureux ouvriers des faubourgs que *le Quatre Septembre a dépouillés de leurs droits, de leur pain, de leurs espérances ;* et nous les laisserions traiter de forçats par ceux qui, *après les avoir égarés,* les mitraillent?

Non, non, non. *Les malhonnêtes gens ne sont pas dans les rangs de ces héroïques affolés.* Ils sont dans les *antichambres des ministres* et dans les cafés de Versailles, où *pullule la lie* de tout ce que Paris comptait d'individus interlopes. Ces individualités *osent* tout haut souhaiter la victoire de M. Thiers, ne se cachant pas, du reste, pour prédire qu'elle sera, de près, suivie du retour du gouvernement qui leur permit à tort de grouiller dans ses bas-fonds.

Et ce serait parce que, *d'une telle mare,* montent *vers l'Empire des exhalaisons de souhaits intéressés,* que l'Empire aurait commis la faute de *se joindre à leurs vœux?* Il ne l'a pas fait, il ne le fera pas ; et à l'heure où nous écrivons ces lignes, il est encore acquis que l'armée *n'a reçu de l'Empire aucun encouragement pour combattre Paris.*

Qu'une voix au moins se soit levée pour protester, au nom de Dieu, au nom de l'humanité, au nom de la vérité et de la justice, *contre le crime* qui se perpètre en ce moment sous le ciel.

Qu'une voix au moins se soit levée pour dire que ceux qui mitraillent ces malheureux doivent être devant l'histoire *les seuls responsables de tout le sang versé.*

L'unique regret que nous éprouvions, *c'est de ne pouvoir tremper notre plume dans ce sang généreux,* pour tracer au front de MM. Thiers, J. Favre, Picard et J. Simon le signe que Dieu mit au front de Caïn quand il l'écarta de sa face.

Pauvre Paris ! pauvre Paris ! Que tes femmes et tes enfants s'agenouillent dans tes flammes : les bourreaux ont condamné leurs maris et leurs pères. Que tes vierges se revêtent de deuil, *car Cayenne prépare son four mortel à leurs amants.* Pauvre Paris ! pauvre Paris !

Et il y aura au monde des hommes qui oseront dire qu'après ce massacre *injuste* et *criminel,*

Thiers, J. Favre, Picard et J. Simon représentent les honnêtes gens!

Non, cela n'est pas vrai. Non, non, non, non.

G. Hugelmann.

Un dernier mot :

Pendant toute la guerre et durant le siége de Paris, nombre de journaux anglais achetés par la Prusse, le *Times* entre autres, ne cessèrent d'accabler d'injures la nation française. Peu à peu, l'ardeur de quelques-uns se ralentit; — peut-être aussi la Prusse payait-elle peu exactement. — Il y a quinze jours environ, le *Times*, oubliant ses articles précédents, admonestait la presse anglaise, lui reprochant sa vénalité : le *Morning Post* surtout était sévèrement traité par le journal de la Cité, qui prouvait d'une façon indiscutable que cette feuille était absolument vendue aux Bonaparte.

Or, le 18 juin, le *Journal officiel* publiait la note suivante :

Depuis le commencement de la guerre, une partie de la presse anglaise s'est fait remarquer par une violence systématique contre la France. Aucune attaque, aucune injure, aucune calomnie, ne nous ont été épargnées, et l'exagération de ces odieux procédés a été poussée si loin qu'il a été facile de deviner la source vénale où les tristes écrivains de ces feuilles stipendiées puisaient leurs inspirations.

Après la signature de la paix, cette rage ne s'est pas calmée. Elle s'est tournée contre le gouvernement de Versailles, et, sans aller jusqu'à se faire les apologistes de la Commune, les journaux auxquels nous faisons allusion ont excusé ses crimes pour accabler nos soldats de leurs plates et criminelles invectives.

Le mot d'ordre a été pour eux l'accusation d'exécutions sommaires qui s'accompliraient ouvertement, et provoqueraient ainsi, par leur scandale, l'indignation des gens de bien.

Ce qui doit l'exciter au plus haut degré, c'est l'audace inouïe des spéculateurs de haine et de mensonge, qui osent imprimer qu'à l'heure où nous écrivons, on fusille les prisonniers à Versailles, on assassine les femmes sur la place Vendôme après les avoir déshonorées. C'est cependant à ces misérables calomnies que descendent certaines feuilles anglaises. Nous leur infligeons la punition de les faire connaître à la face de l'Europe Il y a là à nos yeux quelque chose de plus monstrueux peut-être que le crime le plus sauvage, c'est la froide et lâche perversité d'écrivains qui, pour gagner un honteux salaire, se font les éditeurs d'infâmes inventions contre un gouvernement allié et qui osent souiller leur plume par les lignes que nous empruntons au *Morning-Post* du 12 juin.

A l'éditeur du Morning-Post.

PROTESTATION.

« Monsieur,

« Nous lisons aujourd'hui qu'une nouvelle boucherie a eu lieu à Versailles ; cent cinquante hommes ont été massacrés (*have been butchered*). Je désirerais savoir enfin si notre horreur du meurtre a deux poids et deux mesures. Le meurtre cesse-t-il d'être inique lorsque les meurtriers sont du parti de l'ordre, et non de la Commune ? Lorsqu'ils assassinent au nom de la religion, sont-ils plus justifiables qu'en se drapant dans l'athéisme ?

« Sans doute, le parti de l'ordre a raison de

ᵗraiter d'assassins et d'incendiaires les gens de la Commune ; est-ce une raison pour lui de continuer à faire un métier de boucher ? Tel est cependant le fanatisme que la guerre civile a soufflé dans les esprits.

« Les communeux ont massacré soixante-quatre otages ; c'est vrai : ils se sont conduits en bêtes fauves, on les traite en bêtes fauves. Cependant, cet abominable crime, les communeux ne s'en sont rendus coupables que sous la pression des êtres désespérés entre les mains desquels était tombé le pouvoir ; et ces hommes eux-mêmes étaient enveloppés d'un cercle de flammes et de plomb.

« Mais que dire des infamies commises par l'autre camp ? On vient d'exécuter treize femmes après les avoir publiquement outragées (*disgraded*), en pleine place Vendôme. En même temps, une lettre nous informe qu'un convoi de vingt à trente filles, bien mises, des ouvrières d'un établissement de couture, était aussi dirigé sur la place Vendôme pour y être aussi fusillé et peut-être aussi outragé.

« On a beaucoup parlé des pétroleuses ; seulement, on n'a encore découvert aucun document de nature à éclairer le mystère de l'organisation. Ce corps n'a jamais existé qu'à l'état de fantôme hantant l'imagination des journalistes.

« Ces infâmes forfaits continuent, et pas un gouvernement en Europe n'a le courage, ni même ne manifeste le désir de protester contre eux. Probablement, sans doute, les États européens partagent l'erreur du gouvernement des réactionnaires de Versailles : que le sang versé est la seule solution possible des problèmes politiques et sociaux. C'est bien ; mais ils jouent leur vie sur un dilemme. La violence engendre la violence ; l'héritière fatidique de l'autorité brutale est la brutalité révoltée.

« FREDERICK. A. MAXSE. »

Londres, 18 juin 1871.

Nous ne savons quelles personnalités représentent les signatures mises au bas de cet odieux factum, et même si elles en représentent une quelconque ; mais, quelles qu'elles soient, elles servent de prétexte à une des actions les plus basses qui puissent être commises.

Le mépris public en fera justice.

En terminant, nous ne pouvons que répéter cette dernière ligne : Oui, le mépris public fera justice de tous ceux qui ont payé cette révolution criminelle, et ont vu dans l'incendie, le meurtre, le sang répandu, un moyen de reprendre le pouvoir.

FIN

9269. — Paris, imp. Jouaust, rue Saint-Honoré, 338.

EN VENTE A LA MÊME LIBRAIRIE

Publications nouvelles sur la guerre et sur la Commune 1870-71.

forts, armistice, Assemblée nationale, évacuation d'Orléans, conclusion ; suivi des nouveaux pouvoirs intitulés Fédération républicaine de la Garde nationale et Commune de Paris ; publiés par
Jules Lemelle. 1 vol. in-8. . . . . 3 »

Le Gouvernement du 4 septembre devant l'opinion,
par G. Albert Petit, docteur en droit 2e édition, broch.
in-8. . . . . 1 50

Une mauvaise économie. Brochure impériale trouvée aux
Tuileries et publiée avec une Préface par Amédée Le Faure.
Broch. in-8. . . . . » 50

Paris ou Versailles capitale de la France. Brochure
in-8 raisin. . . . . » 50

L'Ordre, par Amédée Le Faure, brochure in-8 raisin . » 50

La Guerre actuelle, son origine, son caractère, sa fin, par
Sidney Renouf. Brochure in-8 raisin. . . . . . . 1 »

M. Thiers, sa vie politique, sa mission en 1870, ses actes pendant la Commune de Paris, l'insurrection réprimée. Brochure
in-3. . . . . 1 »

Victor Hugo et la Commune. Brochure in-18 jésus. 1 »

La Légion d'honneur et la Commune. Le général Eudes.
— Appel aux légionnaires. Brochure in-18 jésus. . . » »

Journal d'un habitant de Neuilly. Le château, les habitants, les ruines. Brochure in-18 jésus. . . . 1 »

Jules Favre et le comte de Bismarck (*Entrevue de Ferrières*); documents officiels publiés par Georges d'Heylli Brochure in-18. . . . . » 75

M. Thiers à Versailles (*l'Armistice*); documents officiels publiés par Georges d'Heylli, Brochure in-18. . . . . » 50

Journal du siége de Paris. Décrets, proclamations, circulaires, rapports, notes, renseignements, documents divers, officiels et autres, publiés par Georges D'Heylli. — Les livraisons
23, 24, 25, 26, 27, 28, 29 et 30 viennent de paraître et terminent le 1er volume. . . . . » »

L'Armée française en 1871, par J. Truchy, capitaine d'état-
major. 1 vol. in-8o. . . . . 2 »

L'Art de combattre l'armée française, par le prince
Frédéric-Charles de Prusse, traduit par W. Reymond. Brochure
in-18. 1 »

La Délivrance de Paris. Récit complet des huit journées de
mai, par Jules Pau. 1 vol. in-18 jésus. . . . . . . » 60

Les Éclats d'obus, par Ferdinand Dugué. 1 volume grand
in-18 jésus. . . . . 2 »

Les Francs-Maçons et la Commune de Paris, par un
Franc-Maçon. 1 vol. in-18. . . . . 1 »

Les Hommes de la Commune. Biographie complète de tou
ses membres, par Jules Clère. 1 volume in-18. . . . 1 5

Paris pendant le siége et les 65 jours de la Commune,
par A. J. Dalsème. 1 volume grand in-18 jésus. . . 3 »

Paris sous la Commune, par Édouard Moriac (18 mars au 28 mai), précédé des Commentaires d'un blessé, par Henri de Pène. 1 fort volume grand in-18 jésus.   3   »

Paris, Versailles et la France, par M. de La Ponterie. Brochure grand in-8°.   1   »

La Politique prussienne d'après Frédéric II. Brochure grand in-8° avec cartes.   3   »

Trois mois de dictature en province. Le Gouvernement de la défense nationale à Tours, par Armand Rivière. 1 volume in-18.   2   »

Les Mystères de l'Internationale, son origine, son but, ses chefs, ses moyens d'action, son rôle sous la Commune. 1 volume in-18.   1   »

Histoire critique du siége de Paris, par un officier de marine ayant pris part au siége. 1 volume grand in-18 jésus avec carte.   3   50

La Science pendant le siége de Paris, par Saint-Edme, secrétaire du Comité scientifique de la défense de Paris. 1 volume grand in-18 orné de figures dans le texte. . . .   3   »